CONSEILS SINCÈRES

AUX

PARTISANS DE L'EMPIRE

PREMIÈRE PARTIE

QUESTIONS POLITIQUES

I. LA SITUATION. — II. LA PRESSE. — III. LES ÉLECTIONS. — IV. LES RAPPORTS DES CHAMBRES AVEC LE GOUVERNEMENT.

Paraîtront prochainement : la deuxième partie, *Questions sociales*, et la troisième partie, *Questions financières*.

PRIX : UN FRANC

PARIS, E. DENTU, ÉDITEUR

Galerie d'Orléans, 17 et 19, Palais-Royal.

1868

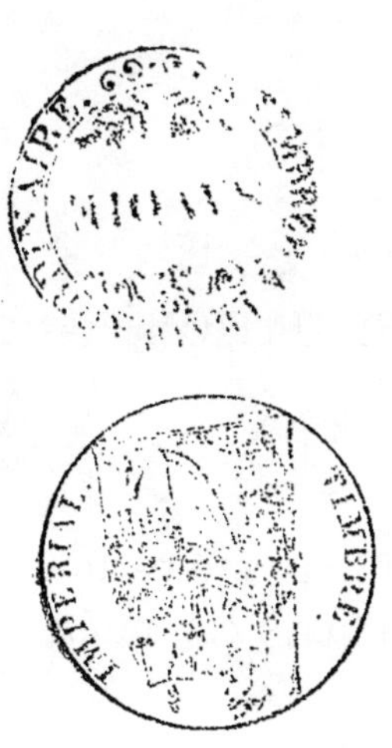

CHAMBÉRY. — IMPRIMERIE BONNE, CONTE-GRAND ET C°.

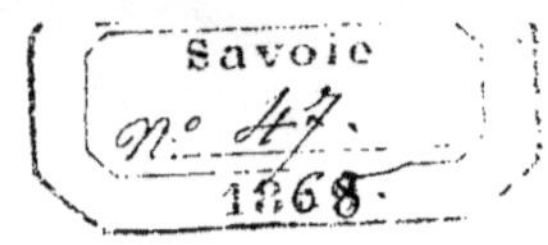

CONSEILS SINCÈRES

AUX

PARTISANS DE L'EMPIRE

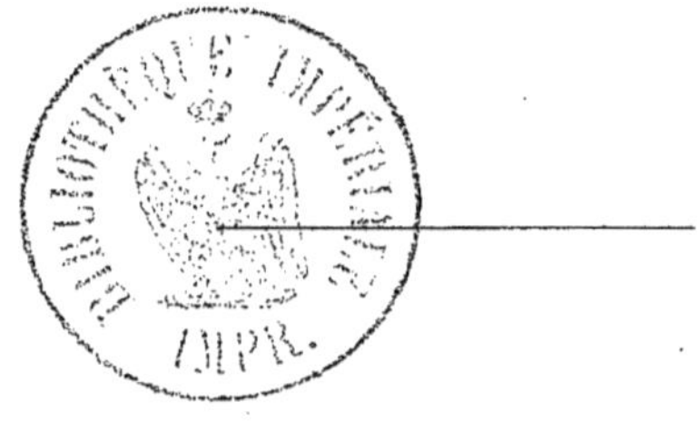

I.

LA SITUATION

Tout le monde le reconnaît, au moins tout bas, la situation du Gouvernement devant le pays est moins bonne qu'il y a quelques années.

A l'extérieur, l'insuccès de l'onéreuse expédition du Mexique; le rapide triomphe de la Prusse en Allemagne et son énorme accroissement, sans que la France ait obtenu sur le Rhin les compensations qu'on lui avait fait espérer; la rupture de l'alliance avec l'Italie; enfin la seconde expédition de Rome, qui finira Dieu sait quand et comment : tout cela constitue une suite de malheurs, sinon de fautes.

A l'intérieur, des déficits budgétaires répétés et une succession d'emprunts; des armements immenses et un accroissement des charges militaires; des doutes sur le maintien de la paix coïncidant avec un malaise temporaire de l'agriculture et de l'industrie; les débats des Chambres et de la presse de plus en plus animés; l'opposition multipliant la critique amère des actes du pouvoir; l'insuccès de plusieurs candidatures officielles; enfin une attente prolongée, et par cela même un peu énervante, de quelque grande résolution : tels sont les faits et les symptômes qui, pendant ces dernières années, ont diminué la confiance. Pour la première fois, depuis 1852, on en est venu à prendre des précautions militaires contre l'émeute.

Afin de réagir contre cette disposition inquiète des esprits, le Gouvernement a eu recours à diverses mesures. L'Empereur a publié, le 19 janvier 1867, un manifeste annonçant le développement libéral des institutions de l'Empire. Il a proposé en même temps un remaniement de notre organisation militaire, conçu de manière à équilibrer nos forces avec celles de la grande puissance qui venait de s'élever en Allemagne.

Personne ne saurait nier que l'exécution du programme du 19 janvier n'a pas produit sur l'opinion l'effet qu'on en attendait. Le droit d'interpellation rendu aux Chambres a paru une compensation insuffisante de la suppression de l'Adresse. Les lois sur la liberté de la presse et des réunions publiques ont assurément réalisé un progrès considérable; mais le retard apporté à leur vote, les dispositions restrictives qui y ont été insérées, l'esprit rigoureux de répression avec lequel elles sont appliquées, ont détruit presque entièrement le bon effet politique qu'elles auraient pu et dû produire. L'opinion publique les a accueillies avec une sorte d'ingratitude. L'opposition, qui en a largement profité, n'est devenue que plus exigeante et plus hostile.

Quant à la loi militaire, elle a certainement mis la France en état de faire respecter par l'Europe entière sa dignité et ses intérêts. Elle a eu malheureusement un autre effet. Elle a fait croire que l'Empereur avait pris la résolution d'une guerre prochaine. Il est même vrai de dire que la généralité de la nation s'était résignée à cette éventualité. — Les déclarations pacifiques de ces derniers temps ont dérouté l'opinion, qui n'y a pas cru d'abord. Aujourd'hui, on commence à penser que l'Empereur a renoncé à assumer la responsabilité d'une aussi grande aventure. On estime qu'en effet le moment favorable pour intervenir dans les affaires d'Allemagne est passé ; mais on se demande alors à quoi bon imposer au pays tous les sacrifices de la préparation à la guerre.

Ces sacrifices ont lourdement aggravé la situation financière.

L'avortement complet de l'enquête agricole, tapageusement annoncée dans les campagnes et dont il ne sort absolument rien, a été une autre déception. Il est à craindre enfin que la loi sur les chemins vicinaux, dont la portée a été imprudemment grossie, ne manque aussi tout le bon effet qu'on s'en promettait. Le nombre des communes qui se sont refusées à en profiter est énorme. Il serait donc puéril de ne pas oser le dire tout haut, quand le monde officiel lui-même le reconnaît dans les conversations : tout ce que le Gouvernement a essayé pour améliorer les dispositions des esprits a échoué. Les élections se présentent pour lui dans des conditions sensiblement moins satisfaisantes qu'en 1863. L'opposition n'a jamais été plus hardie ni plus active. Elle s'appuie sur un sentiment de mécontentement presque général contre tout ce qui a été fait dans ces dernières années.

Dans une telle situation, le Gouvernement continuera-t-il à se contenter : 1º de lutter contre la presse opposante à coups de poursuites ; 2º de travailler à emporter les élections, en maintenant vigoureusement le système des candidatures officielles, afin d'avoir une nouvelle Chambre aussi dévouée que celle de 1863 ?

N'a-t-il pas une autre conduite à tenir, plus hardie et en même temps plus sage ?

II.

LA PRESSE

Espérer aujourd'hui vaincre l'opposition de la presse par la répression, est la plus complète et la plus fatale des illusions.

Certes, MM. Baroche et Pinard ont été aussi vigilants et décidés qu'on peut l'être. Les poursuites contre la presse ont été multipliées et retentissantes. Quel résultat ont-elles eu? Les journaux sont-ils plus mesurés et plus calmes? Au contraire: à chaque procès, la presse a haussé de ton et sa discussion est devenue plus forte et plus violente.

Au lieu d'intimider les exagérés, on les a exaspérés. Et ce qui est plus grave, on leur a donné pour auxiliaires dans leurs plaintes et dans leurs attaques ceux mêmes que leurs opinions portaient à une certaine modération. *Par une pente qui est dans notre caractère national et dont il faudrait cependant bien tenir compte, puisqu'on ne peut la changer, une grande partie du public prend toujours fait et cause pour les journaux poursuivis.* Toutes les polémiques qu'on voulait arrêter sont ainsi devenues plus persistantes et plus dangereuses. Chacun a des exemples présents à la mémoire. Le fameux procès sur les comptes-rendus des Chambres n'a rien enlevé, en définitive, à la liberté des critiques de la presse; il a eu pour résultat unique d'engendrer une interminable polémique qui a contribué à agiter le pays et dans laquelle la majorité de la presse gouvernementale s'est retournée contre le Gouvernement. On vient de voir aussi les conséquences des procès Baudin. Ils avaient pour but d'empêcher de rappeler le souvenir du coup d'Etat. Ils en ont, au contraire, ravivé les souvenirs les plus irritants, cent fois plus que n'aurait fait la souscription livrée à elle-même. Les plaidoyers, comme d'habitude, bien plus hardis que tous les articles de journaux et même que les plus audacieux pamphlets, ont trouvé des millions de lecteurs. *On a ainsi atteint le résultat exactement contraire à celui qu'on voulait.* Voilà d'ailleurs les acquittements qui commencent; de zélés maladroits ont pu accuser des magistrats de s'associer aux manifestations hostiles à l'Empire.

Si, avant d'engager une poursuite contre les journaux, on mettait soigneusement en balance les inconvénients qui en doivent résulter et le bénéfice que le gouvernement en peut retirer, on reconnaîtrait presque toujours que la tolérance, même des écarts flagrants, est préférable à la répression. Résignons-nous à supporter les abus de la liberté de la presse, car ses abus, qu'il ne dépend de personne de supprimer, sont plus que compensés par ses immenses avantages. Qu'on l'aime, d'ailleurs, ou qu'on ne l'aime pas, la presse existe, et par cela même qu'elle existe elle saura toujours et malgré tout conquérir sa liberté.

Un gouvernement qui veut rester fort, doit éviter soigneusement, au lieu de les rechercher, les luttes contre les journaux.

Cette question de la répression des délits de presse doit être d'ailleurs appréciée, non pas au point de vue exclusif du droit et avec les habitudes professionnelles du magistrat, mais au point de vue un peu différent de la politique. Lorsqu'un délit ou un crime ordinaire sont poursuivis (un vol, un attentat aux mœurs ou aux personnes...), tout le monde est disposé à approuver la poursuite. La condamnation est bien rarement critiquée. En matière de délits de presse politiques, au contraire, le gros du public prend ordinairement parti contre l'accusation. Pour peu que le débat se prolonge et se renouvelle, l'accusé devient populaire, et son journal, bien loin d'être discrédité, trouve des lecteurs qu'il n'aurait jamais eus sans les poursuites. — Le public a tort, dites-vous. — C'est possible ; mais des hommes d'État bien avisés tiendraient grand compte de cette disposition de l'opinion. Il n'y a que des avantages à punir tous les délits ordinaires ; tandis que les procès de presse ne sont utiles que dans des cas très rares.

En politique, c'est surtout des résultats qu'il faut le plus souvent se préoccuper. Or, les tentatives de répression ont presque toujours des résultats funestes au Gouvernement. La situation de la presse en France le prouve bien.

Les mesures prises contre *la Lanterne* elle-même, qui est devenue un odieux libelle, ne l'empêchent pas de se tirer encore à plus de 20,000 exemplaires, dont cinq ou six mille pénètrent en France, et dont chacun a quinze ou vingt lecteurs. Encouragées par ce retentissant succès, deux autres publications se sont fondées, s'attachant à en reproduire la forme et le fond. Elles ont déjà beaucoup de lecteurs ; elles en auront deux fois plus, le lendemain du jour où on les aura fait condamner par la 6e Chambre.

Dès qu'un journal est poursuivi, son succès augmente, et la presse d'opposition de toutes nuances est arrivée à un tirage énorme, qu'elle doit pour la plus grande partie au système de répression pratiqué contre elle. La publicité de la presse gouvernementale, en revanche, diminue chaque jour. *Le Constitutionnel,* qui avait 25,000 abonnés il y a quinze ans, est descendu, par une décroissance continue de mois en mois, à un chiffre inférieur à 9,000. *La Patrie* a subi la même décadence ; et quant au *Pays* et à *l'Etendard,* leur publicité est presque insignifiante. On les trouve surtout chez quelques fonctionnaires zélés qui n'ont pas besoin d'être convertis. De toute la presse gouvernementale, *la France* seule réussit, et cela tient à ce qu'elle mélange ses louanges de critiques, et à ce qu'elle demande des réformes sur beaucoup de points.

En province, la situation est peut-être pire encore. Si la presse gouvernementale y est proportionnellement plus nombreuse qu'à Paris, elle est d'une faiblesse et d'une nullité attristantes. En dehors des luttes électorales, son concours se borne le plus souvent à ne rien dire. Sur cent articles environ qu'elle publie par jour, on peut affirmer qu'il y en a quatre-vingt-dix où il n'est nullement question des affaires intérieures, mais bien des événements d'Angleterre, d'Amérique, d'Italie, d'Allemagne, de Turquie, du Japon, d'Espagne, ou des Principautés danubiennes.

Quelques conseillers du gouvernement paraissent croire que le succès du *Moniteur du soir* fait compensation. C'est là une des plus étranges méprises qu'un gouvernement ait jamais commises. La publication qui a le plus contribué à vulgariser les idées d'opposition, celle qui les a fait pénétrer jusqu'au milieu des populations rurales, c'est incontestablement le *Moniteur* à un sou. C'est lui qui a procuré à MM. Thiers, Jules Favre, Picard... plusieurs centaines de mille de lecteurs qu'ils ne pouvaient espérer. Or, ce qui reste dans la mémoire des trois-quarts des lecteurs du *Moniteur,* ce qui fait le plus d'impression sur leurs esprits, ce ne sont pas les bulletins hebdomadaires, fort bien faits d'ailleurs, où sont résumés les événements extérieurs ; ce ne sont pas non plus les éloquentes apologies prononcées par M. Rouher, les lucides explications données par M. de Forcade La Roquette. Il y a d'autres choses que les boutiquiers des petites villes et les cultivateurs du village lisent avec plus d'intérêt et dont ils sont beaucoup plus émus. Ce sont les critiques, les épigrammes des orateurs de la gauche sur l'exagération des impôts, sur les dépenses excessives, sur l'aggravation des charges militaires, sur l'expédition du Mexique et les événements d'Allemagne ; ce sont aussi les doléances de MM. Pouyer-Quertier ou Brame sur les souffrances de l'industrie et de l'agriculture. Le panégyrique est bientôt oublié, mais la critique laisse sa trace ineffaçable. Aussi est-il rigoureusement vrai de dire qu'en faisant retentir partout, grâce à son immense publicité, l'écho des débats parlementaires, le petit *Moniteur* a fait trois fois plus d'opposants que *le Siècle, l'Opinion nationale* et *le Temps* réunis. Et le Gouvernement vient d'avoir l'ingénieuse idée d'en distribuer gratuitement 95,000 exemplaires. Espérons que MM. Thiers et Jules Favre l'en remercieront.

En résumant cet exposé, rigoureusement exact, de l'état actuel de la presse en France, on voit que les journaux de l'opposition, chaque jour plus nombreux et plus répandus, font, avec un ensemble redoutable, une guerre acharnée au Gouvernement ; tandis que les journaux voués à sa défense ont une publicité et une influence décroissantes.

Si telles sont les conséquences produites par le système suivi jusqu'ici, ne serait-il pas de l'intérêt du Gouvernement d'abandonner ce système et d'en essayer un autre?

Au lieu d'user sa popularité dans une répression impuissante, le Gouvernement aurait tout profit à se résigner vis-à-vis de la presse à la plus large tolérance, et à laisser passer tous ceux de ses écarts qui ne tendent pas directement à troubler l'ordre. Cela ressemble à un paradoxe, et cependant rien n'est plus vrai.

Lorsque les journaux d'opposition ne seront plus que très rarement poursuivis, le public cessera de les soutenir dans toutes leurs violences et leurs exagérations. Il deviendra plus sévère pour eux quand ils n'auront plus l'intérêt dont les entoure aujourd'hui l'apparence de la persécution. Chose plus importante encore, les opposants seront privés du seul lien qui les unit et qui leur donne leur plus grande force, le concert dans l'attaque.

Ce qui unit les journaux de l'opposition et les rend redoutables, c'est leur lutte contre la répression; ce qui les divisera et les affaiblira, c'est la liberté. Cessez de maintenir vousmême la discipline dans leur armée. Enlevez-leur leur cri de ralliement. Laissez-les libres jusqu'à la licence. Vous verrez bientôt chacun d'eux exagérer en sens contraire ses opinions particulières, et leur contradiction neutralisera leur influence bien mieux que tous vos procès.

Une preuve décisive que la compression réunit et fortifie l'opposition, tandis que la liberté la divise et l'affaiblit, c'est ce qui se passe pour les réunions publiques. Tant que la liberté de ces réunions n'a pas été accordée, la presse opposante a été unanime à en faire le thème de récriminations amères contre le Gouvernement. Depuis, au contraire, que les réunions publiques se multiplient librement à Paris, que se passe-t-il? Non-seulement la presse a un grief de moins à exploiter, mais presque tous les journaux d'opposition, *le Monde, la Gazette de France, l'Union*, le *Journal des Débats*, le *Journal de Paris,* et même *le Siècle, le Temps, l'Opinion nationale, l'Avenir national,* etc., ont publié de nombreux articles pour combattre et réfuter les doctrines communistes et les excentricités révolutionnaires du parti extrême qui se sont produites dans la salle de la Redoute et ailleurs. Si cette polémique, toute à l'avantage des idées d'ordre que représente le Gouvernement, ne s'est pas accentuée et développée davantage, cela tient uniquement à ce que *l'Etendard* et *le Pays,* avec leur violence et leur maladresse habituelles, sont venus mettre en question la liberté des réunions. En présence de ces menaces contre un droit qui date seulement d'hier, la presse opposante s'est de nouveau réunie pour sa défense, et elle a mis une sourdine au désaccord qui commençait à se produire dans ses rangs.

On ne saurait le dire trop haut et il faudrait pouvoir le crier chaque matin sur tous les toits des ministères : si les partis hostiles à l'Empire ont gagné du terrain depuis quelques années, c'est que chacun d'eux a pu dissimuler son drapeau, et que tous se sont unis dans un effort commun pour la revendication de la liberté. Ils sont parvenus ainsi à grouper autour d'eux presque toute la masse des libéraux désintéressés, c'est-à-dire la partie la plus intelligente et la plus active de la nation. Il n'y a qu'un moyen pour l'Empire de dissoudre cette coalition grossissante : c'est d'être plus libéral que les partis.

Oui, quand toute liberté et même toute licence de parole sera laissée aux adversaires du pouvoir, chacun d'eux sera bien vite amené à formuler son programme. Alors commenceront les guerres intestines dans le camp de l'opposition. Les républicains se chargeront de démolir les légitimistes et les catholiques autoritaires; les purs libéraux de la bourgeoisie combattront les démocrates socialistes, et le Gouvernement aura ainsi réalisé le triple avantage d'affaiblir en les divisant ceux qui l'attaquent aujourd'hui, de n'être plus l'objet unique de leurs polémiques, et de satisfaire le grand nombre de ceux qui, sans lien avec les partis, aiment et veulent la liberté pour elle-même, parce qu'ils la croient, malgré ses abus, nécessaire et bienfaisante.

Quant à la presse gouvernementale, aujourd'hui si faible, si impuissante, elle se fortifiera et se développera d'elle-même. Le pouvoir s'est trop confié dans l'appui que peuvent lui donner des journaux résolus à approuver et admirer tout. L'encens de ces panégyristes discrédités écœure le public. *Pour être utilement défendu, il ne faut pas vouloir être toujours loué.* Les journaux indépendants peuvent seuls combattre avec succès les exagérations et les injustices de l'opposition. Ils ne le font guère aujourd'hui, parce qu'ils éprouvent une répugnance légitime à entrer en lutte avec des confrères rigoureusement poursuivis. Mais que la presse devienne libre en France, comme elle l'est en Angleterre, en Suisse, en Italie, en Belgique, et le Gouvernement trouvera, autant que l'opposition, des soutiens nombreux et influents. La presse départementale, à son tour, déliera sa langue. Elle apportera un utile concours, le jour où elle n'aura plus en face des préfets une aussi humble attitude.

On le voit, les considérations les plus diverses et les plus décisives se réunissent pour déterminer le Gouvernement impérial à donner à la presse toutes les franchises dont elle jouit chez tant de peuples moins impatients que nous de liberté. Dès le début de son règne, l'Empereur s'est assigné pour tâche de conduire la France à un système complet d'institutions libérales. Mais, partant d'un pouvoir en quelque sorte absolu, il a cru prudent de marcher à son but avec lenteur. Eh bien, l'état actuel des esprits rend nécessaire de hâter le pas. Il est évident, pour quiconque étudie l'opinion, qu'elle n'a pas été satisfaite par les demi-mesures adoptées l'an dernier ; par ce droit un peu illusoire d'interpellation qui n'équivaut pas même au droit d'adresse enlevé, et par ces lois sur la liberté de la presse et des réunions, suivies de poursuites quotidiennes. Il faut reprendre le programme à peine ébauché du 19 janvier 1867. La réalisation si incomplète qu'il en a faite jusqu'ici, n'a valu au Gouvernement que des attaques et des embarras. C'est seulement en achevant l'œuvre qu'il en retirera des avantages. C'est vrai pour ce qui regarde la presse ; cela n'est pas moins incontestable pour tout ce qui se rapporte aux élections et aux rapports du Gouvernement avec les Chambres.

III.

LES ÉLECTIONS

Lorsque l'Empire s'est fondé, une sorte de panique régnait
en France. Les excès des libertés de la presse et des clubs
avaient inspiré à la masse paisible des conservateurs la crainte
et le dégoût de ces libertés elles-mêmes. Elles purent donc être
supprimées sans trop de protestation, et elles furent rempla-
cées, avec l'assentiment du plus grand nombre, par le régime
que l'un des principaux conseillers de l'Empire a appelé l'arbitraire administratif. Une autre disposition d'esprit générale
était un vif mécontentement des divisions et de l'impuissance
de l'Assemblée législative, et une profonde lassitude de ses luttes
bruyantes et stériles. Combien était grand aussi le nombre de

ceux qui étaient effrayés des chances que le suffrage universel donnait au triomphe des opinions extrêmes ! Les élections de 1852 étaient attendues avec une sorte de terreur.

Afin d'être délivrée de ces craintes, la très grande majorité de la nation laissa sacrifier sans regret les plus importantes prérogatives du régime parlementaire. Elle vit avec une sorte de satisfaction, plutôt qu'avec mécontentement, le Corps législatif réduit presque au silence et privé d'une grande part des attributions des anciennes assemblées. Elle eût également applaudi à la suppression du suffrage universel lui-même... Sur ce dernier point, l'Empire eut la sagesse de résister aux entraînements de l'opinion. Loin d'y porter atteinte, il rétablit le suffrage universel dans toute son étendue. Ce sera, aux yeux de l'impartial avenir, le plus grand titre de gloire de Napoléon III que d'avoir à jamais consolidé en France ce mode de suffrage, désormais seule base légitime et solide des gouvernements.

Le suffrage universel étant maintenu, l'opinion publique sut gré du moins à l'Empereur de le discipliner de telle sorte qu'il s'exerçât sans péril pour l'ordre et les intérêts conservateurs. De là le système des candidatures officielles et leur succès. Partout l'immense majorité des électeurs accepta docilement les candidats que choisit l'administration, et les députés élus se considérèrent comme ayant pour unique mandat de voter tout ce que proposait le Gouvernement. Il en fut ainsi pendant plusieurs années, durant lesquelles l'Empire eut le mérite de tenter de grandes entreprises et la chance d'y réussir. Il était alors, comme le sont pendant un certain laps de temps presque toutes les choses de ce monde, dans sa période de développement, de jeunesse, de bonheur et de force. Une puissante impulsion donnée aux travaux publics, une rare prospérité de l'industrie et du commerce, un calme absolu dans les esprits, deux grandes guerres glorieuses : voilà le bilan de cette période.

Au milieu de ces succès, pourtant, un certain malaise se fit sentir. Les entraînements se produisirent ; les expéditions lointaines se multiplièrent ; les dépenses devinrent excessives ; enfin, beaucoup de ceux qui avaient le plus volontiers abdiqué en 1852 éprouvèrent le besoin de reprendre une part plus active à la vie politique. L'Empereur lui-même, observant avec une rare sagacité la situation, prononça cette parole mémorable : Mon gouvernement manque de contrôle.

Les réformes annoncées par la lettre du 24 novembre 1860 furent une première tentative pour parer aux exigences qui se manifestaient. Le programme du 19 janvier 1867 a été un second acte inspiré par la même sagesse. Malheureusement l'exécution de ce programme a été par trop incomplète. S'il existe en France un vœu général et un besoin universellement ressenti, c'est de voir diminuer partout la prépondérance de l'administration. La partie intelligente et active de la nation se trouve beaucoup trop administrée et gouvernée ; elle supporte avec impatience la tutelle qui est imposée en toutes choses à l'initiative individuelle. Il s'en faut que les lois de décentralisation votées dans ces dernières années aient calmé cette impatience. Elles n'ont fait le plus souvent que transporter au préfet le pouvoir qui auparavant appartenait au ministre. Le pays demande bien davantage. C'est de ses mandataires élus qu'il veut voir les attributions et l'influence augmentées. Surtout, ce qu'il commence, non-seulement à désirer, mais à exiger, c'est le libre choix de ses mandataires, en dehors de toute pression et même de toute présentation gouvernementale. Combien est générale cette disposition des esprits, l'administration l'ignore peut-être, les préfets et les autres fonctionnaires ne le disent probablement guère aux ministres, ni les ministres à l'Empereur. En revanche, quiconque est placé en dehors du monde officiel, quiconque vit au milieu des populations et les étudie sans parti pris, peut en rendre témoignage.

Il suffit du reste de se reporter aux dernières élections municipales et surtout de comparer entre eux les résultats des diverses élections du Corps législatif pour se rendre compte, presque mathématiquement, de la révolution qui s'est opérée depuis dix ans dans l'opinion.

Aux élections générales de 1852, le nombre des suffrages exprimés fut de 6,222,983, dont 5,218,602, c'est-à-dire 83 0/0 pour les candidats officiels. Les bulletins opposants furent de 1,004,381, c'est-à-dire 17 0/0.

Cinq ans après, aux élections de 1857, le succès des candidats du Gouvernement fut plus complet encore. Sur 6,136,664 voix, ils en réunirent 5,471,888, ce qui représente 89 0/0, et les candidats de l'opposition seulement 664,779, soit 11 0/0. Ce fut le moment où l'opposition se trouva représentée au Corps législatif par le groupe des cinq. — Les chiffres ci-dessus sont extraits d'un tableau publié par le *Moniteur* du 11 juillet 1857.

Les élections de 1863 révélèrent un changement manifeste dans l'esprit de beaucoup d'électeurs. Les candidats officiels réunirent encore 5,308,254 voix, mais ceux de l'opposition en obtinrent 1,954,369. Cela représente un peu plus de 73 0/0 pour les officiels, un peu moins de 27 0/0 pour les opposants. Ces derniers entrèrent à la Chambre au nombre de 34, au lieu des 5 de 1857 (1).

Depuis 1863, il y a eu un assez grand nombre d'élections partielles. Un journal, *l'Epoque,* du 24 août 1868, en a publié le tableau. Les 52 circonscriptions où elles ont eu lieu avaient donné en 1863 aux candidats patronés 1,032,367 suffrages, ce qui faisait 77 0/0 des votants, et 307,295 suffrages à leurs

---

(1) Ces chiffres sont empruntés à une brochure publiée en 1864. Ils ont été reproduits par un grand nombre de journaux et ils doivent être tenus pour exacts, puisqu'ils n'ont été ni rectifiés ni contestés.

adversaires, 23 0/0. Dans les élections partielles, les patronés n'ont plus que 849,759 voix: 61 0/0 des votants; les anti-officiels en ont obtenu 525,290 : 39 0/0.

Ainsi, les candidats officiels ont décliné, de 89 0/0 en 1857, à 73 0/0 en 1863, et à 61 0/0 dans les dernières élections partielles, tandis que les candidats opposants, partis de 11 0/0 en 1857, sont arrivés à 27 0/0 en 1863, et à 39 0/0 dans les élections partielles.

Si au lieu de considérer la répartition des voix, on calcule le nombre des siéges obtenus par les deux partis, on trouve 2 0/0 pour l'opposition jusqu'en 1857, 12 0/0 dans les élections de 1863, et 32 0/0 dans les élections partielles postérieures. De 2 à 32 0/0, voilà le changement. Dans les 52 dernières élections, les candidats combattus ont été nommés dans 16 colléges.

Telle est, en chiffres éloquents, l'histoire de la grandeur et de la décadence du système des candidatures officielles.

Le gouvernement y persistera-t-il malgré tout en 1869 ?

On ne peut guère douter qu'il se préparerait, s'il le faisait, de nombreux et pénibles échecs. Depuis quelque temps, de fâcheux incidents ont accru l'excitation des esprits et rendu plus vive l'impression produite par les efforts de l'opposition. Les adversaires des candidatures gouvernementales disposent aujourd'hui d'une presse de plus en plus nombreuse et ardente, et d'un moyen de propagande tout nouveau : les réunions publiques. Les courants politiques, comme les corps en mouvement, ont d'ailleurs une force de vitesse acquise.

C'est avec une discipline croissante que toutes les voix, données au premier tour de scrutin aux différents candidats dissidents, se groupent au second tour sur celui qui en a réuni le plus au premier. *La candidature officielle amène, en matière d'élections, le même résultat que la répression à outrance en matière de presse. Elle entretient la coalition des adversaires du gouvernement, et elle la grossit d'un nombre considérable d'adhérents, qui ne sont nullement hostiles à l'Empire, mais qui considèrent avant tout comme indispensables et comme salutaires l'entière spontanéité et la liberté absolue des élections.*

Et, vraiment, ont-ils tort ceux qui pensent que les élections étant la seule manifestation directe de la volonté nationale, il importe que cette manifestation soit sincère et non pas réglée par l'administration ? N'est-ce pas l'intérêt commun du pays et du gouvernement que l'opinion s'exprime nettement, et qu'elle préserve ainsi le chef de l'État du danger de s'engager ou de persister dans une politique contraire à la pensée générale? Qui peut nier qu'une des causes les plus fréquentes des révolutions sont les malentendus entre la nation et le pouvoir ? La libre désignation par le pays de ses mandataires est le meilleur moyen d'éviter ces malentendus. Quand bien même le système des candidatures officielles aurait encore toutes chances de réussir, il serait donc sage de l'abandonner.

Ça a été jusqu'ici une illusion du Gouvernement impérial de croire qu'une Chambre composée de ses candidats lui apportait un surcroît de force. Elle ne lui donne qu'un surcroît de responsabilité. L'expérience des assemblées législatives, depuis 1852, a démontré que les candidats officiels devenus députés avaient une répugnance presque invincible à parler et à voter contrairement aux propositions du Gouvernement. Il en est résulté d'abord que ce dernier n'a été contenu dans aucun de ses entraînements; et, ce qui est plus grave encore, qu'il a conservé seul la responsabilité de tout.

La responsabilité exclusive : elle est fort agréable dans la bonne fortune, lorsqu'on réussit dans toutes ses entreprises ; mais lorsque viennent les difficultés et les mauvais jours, qu'il serait préférable de pouvoir dire : « Ce sont vos mandataires librement élus qui ont la principale part dans la direction de la politique ! »

Par quel singulier raisonnement arrive-t-on à croire que, si le Gouvernement parvenait à faire nommer aux élections de 1869 une majorité patronée par lui, les difficultés actuelles se trouveraient par cela seul diminuées ? Mais cette majorité, vous l'avez eue en 1857 et en 1863 plus nombreuse que vous ne l'aurez jamais. Non-seulement elle ne vous a préservé d'aucun embarras ; elle est pour beaucoup, au contraire, dans le mécontentement du pays.

On n'a pas assez remarqué que le plus grand défaut et le plus grand désavantage qu'aient présentés les Chambres depuis 1852, c'est qu'il n'y a eu dans leur sein, d'un côté, qu'une énorme majorité adoptant avec enthousiasme ou une inaltérable résignation tous les actes et toutes les paroles des ministres, et, de l'autre, une opposition violente et hostile, critiquant tout, et refusant, en toutes choses, son concours. L'Empire n'a jamais eu encore une opposition dynastique, ce qu'on appelle, en Angleterre, l'opposition de la reine. Placé entre l'armée compacte et par trop homogène de ses candidats députés et le groupe de l'opposition systématique, l'Empereur, toutes les fois qu'il a été tenté de modifier sa politique, a dû éprouver un embarras extrême. Cet embarras, il l'a certainement ressenti lorsqu'il a voulu faire mettre à exécution le programme de janvier 1867. *L'Empire n'a eu jusqu'ici qu'un seul personnel gouvernemental, Il n'est pas parvenu à former un double personnel, capable d'occuper alternativement le pouvoir selon que le sentiment conservateur ou le sentiment libéral et réformateur prévaut.* Cette lacune devient aujourd'hui un danger.

Supposez qu'un jour (et ce jour est prochain : des esprits clairvoyants le croient même arrivé), supposez qu'il se pro-

duise en France quelque chose d'analogue à ce qui vient de se
passer en Angleterre, c'est-à-dire que la majorité du pays juge
nécessaires ou utiles quelques grandes réformes, contraires au
sentiment du cabinet qui est au pouvoir, et même, dans une
certaine mesure, contraires à la politique suivie jusqu'alors
par le chef de l'État. Aperçoit-on une solution acceptable à
cette sorte de crise, si le prochain Corps législatif ressemble à
ceux qui l'ont précédé ? Le chef de l'État appellera-t-il dans
ses conseils ceux qu'il aura fait combattre aux élections et qui,
à leur tour, auront pris volontairement ou auront été entraînés
à prendre vis-à-vis de lui une attitude hostile ? Quelles difficultés et quel échec ! Imposera-t-il à ses ministres de réaliser
les réformes qu'ils désapprouvent et qu'ils ont, souvent, publi-
quement condamnées ? La dignité et l'autorité des hommes
d'État s'usent vite à ce jeu ; les réformes accomplies de mauvais gré et avec restrictions sont presque toujours compro-
mises. Elles ne portent que de mauvais fruits ; elles ajoutent à
l'impopularité du Gouvernement, au lieu de lui rendre la fa-
veur publique... Adoptera-t-on ce troisième système, qui con-
sisterait à refuser les changements demandés ? Hélas ! c'est par
ces conflits qu'on prépare les révolutions. — Combien facile-
ment tous ces inconvénients seraient évités, si l'opinion libérale
dynastique entrait au Corps législatif, de manière à ce que
ses représentants puissent occuper le pouvoir ! Un changement de ministère ne rencontrerait plus d'obstacle et il apla-
nirait tout.

Les situations trop tendues se dénouent toujours ainsi dans
les pays parlementaires. L'attente de ce que feront les nouveaux ministres est à elle seule un apaisement, qui calme souvent
les plus impatients et suspend le cours de bien des attaques.
*Le système de bascule ministérielle qui permet de faire passer
les portefeuilles des mains des hommes du parti conservateur
aux hommes du parti libéral, a un inappréciable avantage. Il ne*

laisse à personne aucun prétexte de dire que, pour changer de
politique, il faut changer de constitution ou de dynastie.

C'est donc l'intérêt incontestable du Gouvernement que l'opinion libérale dynastique soit largement représentée au Corps
législatif. Elle n'a malheureusement presque aucune chance d'y
pénétrer, si les candidatures officielles sont maintenues. Ni les
préfets, ni les ministres ne sont disposés à choisir des candidats partisans d'un large développement des libertés et des attributions des Chambres. Ces derniers, d'ailleurs, doivent pré-
cisément à leur conviction de ne pas accepter le patronage
administratif. De sorte qu'ils seront écartés de la Chambre, si
les candidatures officielles triomphent; ou bien ils n'y arrive-
ront qu'en faisant échec au Gouvernement et en se rappro-
chant de l'opposition extrême.

Combien de fois les défenseurs de l'Empire se sont-ils plaints
de l'alliance de l'opinion libérale avec les anciens partis ! Ils lui
ont reproché de se laisser presque toujours représenter par des
individualités dont le nom seul a une signification anti-dynas-
tique. Le fait n'a été que trop vrai jusqu'ici, et c'est grand dom-
mage, non-seulement pour l'Empire, mais pour le pays et pour
la liberté elle-même, entre lesquels une certaine apparence
d'antagonisme est ainsi maintenue. Qu'on envoie à la Chambre
des hommes aussi illustres et aussi éclairés que M. Thiers, rien
de plus légitime. Mais en dehors de ces grandes notabilités
dont chaque parti ne compte que deux ou trois, les électeurs
libéraux ne devraient choisir pour députés que des hommes
nouveaux dégagés des liens, des passions et des rancunes du
passé. La moitié du corps électoral s'est renouvelée depuis 1852;
qu'a-t-elle à faire des revenants de 1848 et des régimes anté-
rieurs? La tâche de la génération actuelle est de fonder un
gouvernement qui s'appuie à la fois sur le suffrage universel et
sur un système complet d'institutions libérales. Elle n'y arrivera
qu'en effaçant, au lieu de le raviver, le souvenir des luttes an-

ciennes. Pour marcher d'un pas sûr, c'est devant soi qu'il faut regarder.

Rien n'est donc plus souhaitable que l'avénement au Corps législatif d'hommes nouveaux. Cet avénement deviendra facile le jour où le Gouvernement abandonnera complètement aux comités formés par les électeurs le soin de choisir les candidats. Et comme les anciens partis auront perdu, par cela même qu'il n'y aura plus de candidature officielle, le prétexte et le lien de leur coalition électorale, *on pourra voir à l'avenir des élections anti-ministérielles, mais on ne sera plus menacé, comme aujourd'hui, d'élections ayant un caractère anti-gouvernemental.*

IV.

LES RAPPORTS DES CHAMBRES
AVEC LE GOUVERNEMENT

Dans un temps comme le nôtre, où la presse porte, jour par jour, dans le moindre village, la connaissance de tous les événements politiques, il n'y a de gouvernements bons et solides que ceux qui règlent leur conduite sur les vœux et les besoins du pays. Or, pour que ces vœux et ces besoins se manifestent, il n'est pas seulement nécessaire que la libre discussion en soit permise; il est indispensable aussi que tous les citoyens soient appelés à élire des mandataires chargés de les formuler et de les faire respecter. Formuler la volonté de la nation, la faire exécuter : tel est le rôle de la Chambre des députés, et elle doit avoir toutes les attributions utiles pour le bien remplir.

Il n'est pas nécessaire de rappeler de nouveau les circonstances qui amenèrent la France, en 1852, à se montrer peu soucieuse de voir le Corps législatif conserver les prérogatives ordinaires des assemblées parlementaires. Lasse d'agitations et pleine d'inquiétudes, elle accepta avec empressement les institutions qui donnaient au chef de l'État une immense prépondérance. Que cette concentration de pouvoirs ait été excessive ;

qu'il fût impossible de la maintenir, quand auraient disparu les circonstances passagères qui l'avaient motivée : tout le monde l'avoue aujourd'hui. L'Empereur a été l'un des premiers à le dire tout haut. Dès 1860, il a eu la rare sagesse de travailler lui-même à rétablir le contrôle des mandataires du pays sur son Gouvernement. Il a successivement rendu aux séances des Chambres toute leur publicité, relevé la tribune, rétabli et facilité de plus en plus le droit d'amendement, substitué au vote du budget par ministères le vote par chapitres, restitué le droit d'Adresse, renvoyé peu à peu tous les ministres s'éclairer à la discussion des Chambres et y prendre part ; enfin il a rétabli dans une certaine mesure le droit d'interpellation.

Ce sont là des changements considérables. Si l'on veut bien ne pas oublier que la vie des peuples se mesure par siècles et non par années, on se félicitera qu'un pareil chemin ait pu être parcouru en neuf ans. Pourtant, tout cela a-t-il suffi à rendre au pays et à ses mandataires la part d'influence qui doit leur revenir ? Le Corps législatif n'a-t-il plus de franchises, de droits et de pouvoirs à souhaiter ?

La discussion détaillée des attributions du Corps législatif ne saurait trouver place ici. Mais est-il besoin d'une discussion pour arriver à reconnaître 1° que le droit d'amendement s'exerce encore d'une façon trop embarrassée ; 2° que les lenteurs et les conditions auxquelles est soumise la faculté d'interpellation sont excessives ; 3° qu'il est très regrettable que la Chambre ne puisse, dans aucune circonstance, traduire sa pensée par un ordre du jour motivé ; 4° que n'avoir pas, dans la moindre mesure, l'initiative des lois ni d'aucunes résolutions, c'est être placé dans un état d'infériorité vis-à-vis de la plupart des parlements européens ; 5° que la suppression de l'Adresse constitue une infériorité non moins sensible ? Et à propos de cette suppression, comment n'a-t-on pas vu qu'elle a singulièrement diminué le prix des autres améliorations réalisées par l'initiative impériale? Qui peut dire que les unes ou les autres ne seront pas, comme l'Adresse, révoquées un beau matin. Dès lors, quelle valeur, quelle portée conservent-elles ?

La première mesure à prendre est de donner plus de fixité et de certitude aux droits de la Chambre. Ces droits ne sauraient rester indéfiniment sous la dépendance de la volonté arbitraire du Souverain. Voici par exemple encore la question de la présence des ministres au Corps législatif. Nulle question n'est plus importante, car c'est par la collaboration quotidienne des ministres avec les députés que ces derniers peuvent participer efficacement à la direction des affaires, exercer un contrôle sérieux et persistant, influer en un mot d'une manière pratique et continue sur la politique intérieure et extérieure. Cette influence, on s'était fait une règle de l'éviter en 1852. C'est pour cela que le Gouvernement impérial n'a été longtemps représenté devant les Chambres que par des orateurs attitrés. Depuis quelques années on paraît se raviser, et l'opinion publique a applaudi au changement. Tous les ministres ont pris part l'an dernier aux débats de la session. Mais personne, sauf l'Empereur, ne peut affirmer que dans les sessions prochaines les ministres reparaîtront au Corps législatif. Cela dépend en effet d'un décret impérial rendu chaque année et qui est tout à fait discrétionnaire.

De bonne foi, peut-on espérer qu'une nation fière, qui a été pendant si longtemps absolument maîtresse d'elle-même, ne se sentira pas quelque peu atteinte dans sa dignité, en voyant chaque année remis en question ce qu'elle peut considérer à juste titre comme un droit de ses représentants?

On se plaint souvent que les discussions et les passions politiques sont trop fréquentes en France et qu'elles nuisent à la discussion des affaires. Il n'en est pas ainsi en Angleterre, a-t-on dit. C'est même là la principale des raisons invoquées pour la suppression de l'Adresse. — Ceux qui parlent ainsi oublient, en vérité, qu'en Angleterre il n'y a presque plus de questions de pure politique, parce que depuis longtemps l'exercice complet de toutes les libertés est accepté par le Gouvernement. La liberté de la presse affranchie de tout impôt et de toute entrave, la liberté des réunions et des associations, la liberté et l'omnipotence parlementaire existent à l'état d'habitude prise; personne n'a à les défendre, parce que personne ne songe à les restreindre ni à les contester. Que nous sommes loin de là en France! Nous voyons chaque jour un ou deux procès intentés à ceux qui se servent de la presse, du droit de réunion et du droit d'association; de plus, une récente expérience a montré que les plus précieuses prérogatives du Corps législatif lui-même n'avaient ni garanties ni permanence. Au milieu d'un tel état de choses, les esprits se passionnent nécessairement pour la revendication et la défense de droits politiques si incertains. Oui, certes, ces discussions sont souvent dangereuses. Elles ébranlent le Gouvernement; elles agitent le pays; elles le détournent de l'étude calme et réfléchie de ses affaires courantes. Rien n'est plus vrai; mais pour faire disparaître les questions politiques et leurs périls, il n'y a qu'un seul moyen, c'est de les résoudre une fois pour toutes par l'établissement définitif de la plus large liberté. C'est ce qu'on a fait depuis longtemps en Angleterre; c'est ce qu'il serait de l'intérêt de tout le monde de faire aussi en France.

En résumé, *si l'on veut triompher de la coalition des partis hostiles, il est essentiel de ne leur laisser aucun prétexte pour persuader à la nation qu'elle n'arrivera jamais, sous le régime impérial, à se gouverner librement elle-même. Dans cette accusation est le grand danger pour l'Empire.* Afin de le faire disparaître, il faut renoncer aux lois de répression par lesquelles on a vainement essayé jusqu'ici de limiter la discussion; il faut corriger la réglementation administrative qui tient en lisières l'initiative individuelle ; il faut abandonner le système des candidatures patronées, et rendre irrévocablement à la Chambre élective, ainsi redevenue la représentation complètement spontanée et indépendante du pays, la faculté de délibérer l'Adresse et de voter des ordres du jour motivés, ainsi que le droit complet d'amendement et d'initiative; il faut donner enfin aux députés tous les moyens d'agir, par les ministres, sur la direction de la politique.

Evidemment, ce ne seront plus les institutions de 1852. Mais nul n'a eu sans doute la pensée d'immobiliser la France à cette date, l'Empereur moins que personne. Que dans les commencements de son règne, lorsqu'il était dans toute l'activité de l'âge mûr, lorsqu'il avait pleine confiance dans la fortune qui lui souriait, l'Empereur Napoléon III ait tenu à exercer une autorité presque absolue et sans partage, cela se comprend. Il en a fait alors un large et souvent heureux usage. Mais, aujourd'hui, où sont les grands desseins qui exigent tant de puissance? Où sont les vastes et hardies conceptions au succès desquelles il est à craindre que la participation de la Chambre porte préjudice? Pourquoi des pouvoirs extraordinaires lorsqu'il ne reste plus à faire que là besogne ordinaire et quotidienne de tous les gouvernements?

On peut dire, il est vrai, de ces pouvoirs extraordinaires, que l'Empereur les a reçus directement de la nation par plus de six millions de suffrages répétés. Rien n'est plus certain, et cela constitue, en fait et en droit, la justification incontestable du passé. Mais il est bon de songer surtout à l'avenir. Le successeur de Napoléon III n'aura pas personnellement le prestige de ces grands votes populaires. D'un autre côté, si un grand changement s'est déjà produit dans les esprits, si quatre millions d'électeurs nouveaux sont déjà entrés dans la vie politique où ils n'apportent nullement la lassitude qui régnait il y a dix-sept ans, si, dès à présent, un puissant souffle libéral s'élève, il est bien probable que, dans quelques années, la France supportera avec une impatience croissante l'amoindrissement de ses mandataires et la concentration des pouvoirs que l'Empereur a pu garder jusqu'à aujourd'hui sans rencontrer trop de résistance, mais qui se trouvera alors bien moins justifiée entre les mains d'un jeune homme ou d'une régente.

Les changements devant lesquels on hésite maintenant seront probablement bientôt imposés par la nécessité.

Qui peut dire que la transformation qu'il serait facile à l'Empereur d'opérer en ce moment sans secousse et sans péril, pourra être accomplie de même par son successeur, obligé de céder à la pression de l'opinion, au milieu peut-être de difficultés dangereuses et de passions excitées?

C'est à tout cela que doivent mûrement réfléchir les partisans de la dynastie impériale.

Une chose est bien certaine : c'est que la politique de résistance suivie jusqu'ici n'a pas empêché l'opposition de grandir sans cesse. A l'heure qu'il est, elle a une force menaçante qui devient plus dangereuse à chaque lutte. Les demi-mesures de réforme successivement adoptées n'ont eu que des inconvénients; elle n'ont satisfait personne. Une grande résolution est à prendre : c'est de rallier à l'Empire la masse des libéraux désintéressés. On a fait tout ce qu'il faut pour les envoyer les uns après les autres à l'opposition. On les ramènera certainement, en leur offrant un ensemble d'institutions semblables à celles de l'Angleterre et de la Belgique. En réalité, il y a bien plus de sécurité pour la dynastie, là où la liberté complète existe, que dans les pays où l'on prétend allier la liberté avec la répression et avec le pouvoir arbitraire.

CHAMBÉRY. — IMPRIMERIE BONNE, CONTE-GRAND ET Cᵉ.